ECONOMISE LA MONNAIE

(CHEAP THE CHANGE)

Par

SEAN CHRISTOPHER

Economise La Monnaie

Designed de Sean Mascarenhas

Traduit par Lisa Felicie Kocher

ISBN: 978-1-948688-12-3
Imprime aux Etats-Unis
Premiere Publication, 2018

Clause de non-responsabilité

Ce livre est écrit dans un but purement informatif. Tout effort a été fait pour le rendre aussi complet que précis au possible. Les informations délivrées dans ce livre tiennent compte de sa date de publication. Par conséquent il doit être utilisé comme un guide, et non comme une source exclusive.

L'objectif de ce livre est d'instruire. L'auteur et l'éditeur ne garantissent pas que l'information contenue dans cet ouvrage soit entièrement complète et ne pourront être fautifs d'éventuelles erreurs ou omissions.

L'auteur et l'éditeur se déchargent des responsabilités envers toute personne ou entité à l'égard de toute perte ou dommage causé ou présumé être causé de manière directe ou indirecte par ce livre.

A PROPOS DE L'AUTEUR

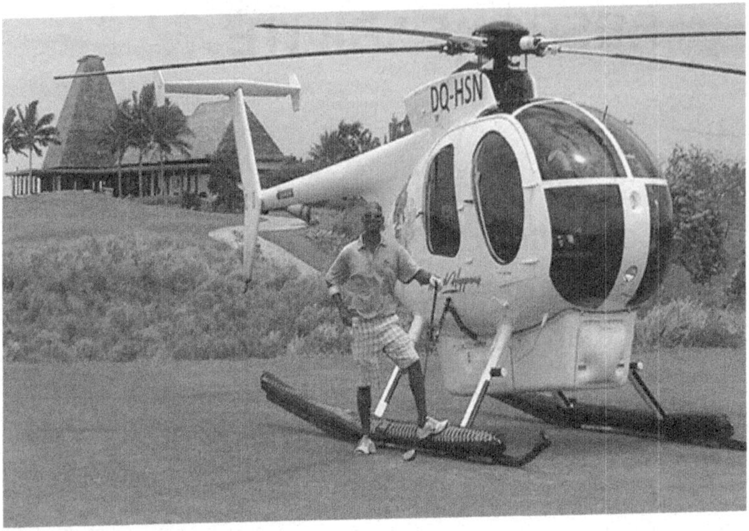

Sean Christopher est un auteur Américain. Il réside à Las Vegas, Nevada, et a voyagé dans plus de 35 pays. Il est passionné de sport, intellectuel et innovateur. Entrepreneur en série, il est l'auteur du site www.cheapthechange.com, artiste connu sous le nom de Coolie Mac et l'auteur de la chanson "Famous."

Citation

"Pour gagner, apprend; c'est la règle."

– Sean Christopher

TABLE DES MATIÈRES

PROLOGUE

Economise la Monnaie de son titre original "Cheap The Change" est une méthodologie simple qui t'ouvrira au pouvoir de vivre, en seulement 1 heure d'attention. Pourquoi perdre du temps à lire un roman quand tu peux trouver toutes les clés nécessaires, dans un condensé pratique qui te propulsera de l'avant? Le 21ème siècle est à la mode de l'émancipation financière. C'est simple, tu ne peux pas mettre à profit une connaissance que tu ne possèdes pas. Pour cela, le message doit être transmis.

Si tu lis ce livre, je t'en remercie personnellement; de tout coeur qu'il te bénisse, de sorte que tu puisses sensiblement évoluer en conscience.

J'ai abrégé mes pensées en 15 catégories qui te fourniront une sagesse infinie pour que tu puisses accéder au meilleur de toi même.

La vie c'est de gagner! Alors gagne gros et fais le bien. Ceci est ma perspective pour toi.

Poème

Qui est le suivant en ligne?

Tous ces imbéciles vont et viennent!

Ils friment mais ils paient quand ils perdent leur trajectoire.

Le jeu c'est d'être vendu, non simplement d'être dit.

Voilà comment le sage doit être défini.

Le sensible médite, mais ne fait jamais de gaspillage.

Le pratique prête, au lieu de dépenser sans réserve.

L'économe se fait riche parce qu'ils vit en pleine santé.

Et tout le reste ne peut mieux faire.

Parce que qu'est ce qui arrive,

Quand tout s'est envolé et que tu perds?

C'est ton choix.

Alors, dans quel camp te ranges-tu?

Chapitre 1: Economise, Et Redistribue

"L'âme bienfaisante sera rassasiée, Et celui qui arrose sera lui-même arrosé."[i]

Le mot "économe" a acquis une réputation plutôt péjorative dans la société. Il est considéré comme un gros mot à connotation dévalorisante. Pour certaines raisons, le mot économe a été associé avec "faible valeur," "radin," "pas assez bon." Ironiquement, dans notre société, nous sommes amenés à penser que les gens riche évitent le mot "économique," quand bien au contraire les personnes aisées connaissent le sens adéquat du terme.[ii]

Économique dans sa vraie définition signifie "à bas prix" ce qui induit "d'une valeur supérieure à ce que ça coûte". Ce qui n'est pas une mauvaise chose du tout. En fait, ça semble même une bonne affaire!

La dure vérité est que le mot “cheap” (bon marché) a été au fil du temps effacé de la langue anglaise, comme une attaque aux acheteurs avertis qui savent exactement chasser les bonnes occasions. La raison pour que ce mot de 5 lettres ait été rabaissé avec tant d’engouement est qu’il est la clé du succès.Un fait intéressant, est que le terme a également été utilisé comme insulte verbale envers une personne “Il est vraiment radin! Je ne sors pas avec un mec “cheap,” ça craint!”

Ce qui est ironique avec les “utilisateurs” qui dénigrent les gens économes, c’est qu’en réalité ces “utilisateurs” ne peuvent pas se détacher de ces gens pour de l’argent. Ce serait comme voir les mendiants de Las Vegas demander de l’argent dans les cabarets. Est-ce vraiment une façon tangible de gagner de l’argent? Ce serait une étude intéressante de rechercher pourquoi la personne X s’associe avec la personne Y qui a la première place. C’est parce qu’il peut tirer profit de cette dernière.

C'est tout l'intérêt d'avoir un cercle social à la pointe. Le réseautage, ça te parle?

Ce peut-il que ces personnes qui attaquent la personne dite “cheap” le soient elles-même parce qu'elles n'ont jamais conservé une richesse dans leur vie? C'est un comble quand les radins pauvres attaquent les “radins” riches qui s'efforcent de leur mieux à la tâche pour accumuler de la richesse. Dans ce cas, qui est vraiment radin? Tu vois où je veux en venir?

“Économe” est un terme significatif quand il est utilisé en dedans ou en dehors du contexte. Être économe peut être mal vu quand tu n'es pas généreux alors que tu pourrais l'être. Cependant, être économe est justement la clé de la générosité parce que la négociation doit s'arrêter quelque part afin que l'excédent puisse être utilisé pour une meilleure progression. Le “fabriqué à bon marché” est un problème si il ne résiste pas à l'épreuve du temps, mais le “acheté à moindre” coût est une toute autre histoire. En achetant à prix cassé, c'est comme ça que tu gagnes!

“Economise et redistribue” signifie simplement acheter à peu de frais, tu auras donc plus pour être généreux. Spécifiquement lors d’un engagement à long terme. Les publicités sont créées pour faire exactement le contraire. Si elles ont une retenue sur ton livre de poche, comment vas-tu avoir un surplus à partager aux gens que tu aimes vraiment? La redistribution des richesses fonctionne seulement quand tu ne la retiens pas mais que tu l’économise, ainsi tu as plus d’argent à offrir. Comment un philanthrope peut-il donner de l’argent s’il n’a pas un sou ? A un certain point, il doit renoncer à quelque chose pour obtenir quelque chose en retour.

CHAPITRE 2: *SECTIONS D'ARGENT RAPIDE*

"Les richesses du pécheur sont réservées pour le juste."[iii]

As-tu entendu l'expression "aux idiots l'argent file entre les doigts?" Cette déclaration est l'attaque directe aux prodigues, les dépensiers qui échouent à pratiquer l'art de la frugalité. La frugalité est une forme d'art. C'est une discipline qui signifie auto-restriction. La prudence est la pratique de l'auto-sacrifice. Dans sa plus forte définition, ce mot signifie abstinence. C'est ainsi que le négociateur qui pense "un sou est un sou" décroche son ticket pour la fortune. C'est l'essence du "vivre économe." Vivre économiquement est très différent de vivre précairement parce que tu ne veux pas payer "le joueur de flûte de Hamelin."

Voler Peter pour payer Paul, c'est ce que le gaspilleur fait. La réciproque de sections d'argent rapide est, "un homme sage et son argent vivent ensemble". Ce qui comprend basiquement une solide relation de fidélité entre les deux, face à d'autres prétendants qui essaient de créer une relation d'adultère. Ce sont ces "autres" qui tentent d'envahir ton esprit pour te séparer de ta part du gâteau.

Au lieu de voler Peter ou Paul, te devrais aussi vendre à John ou James, tout en continuant de vendre à Mathieu et à Nathanaël. De cette façon les consommateurs te donneront volontier leur argent car tu leur offres un service de qualité. Un service pauvre renvoie peu de gain. Un service riche amène à la reconnaissance.

Chapitre 3: *Vend Quelque Chose*

"Acquiers la vérité, et ne la vends pas. Tout comme la sagesse, l'instruction et la compréhension."[iv]

Si tu ne peux vendre, ta bourse reste vide. Prend ça comme une rime; Commence par transformer 5 cents en 10 cents et garde ton temps pour le soleil. N'est ce pas merveilleux quand l'argent est sur ton compte? Et que toutes tes factures sont payées. Merci! Le bon seigneur est grand, et continue à faire ton gâteau avant l'aube car il y aura des jours où tes investissements ne rouleront pas non plus. Parfois il vaut mieux avoir de l'amour et ne pas le vendre non plus.

L'art du départ est de ne pas trahir ton cœur, mais de continuer à jouer le jeu et même si tu frappes à côté, continue à balancer, pour la célébrité, parce que quand tu atteindras la cible, ça va être le coup du siècle, brillant comme une étoile filante!

Pourquoi vendre pour les autres quand tu peux vendre pour toi même? Marchandiser ta façon d'être, c'est le moyen d'y arriver. Le pouvoir de te vendre est le pouvoir qu'ils te paient. Les strip-teasers le font! Hahaha, mais tu ne veux pas te dévêtir. Rassure toi, il y a d'autres avenues pour obtenir la même chose.

Écrit un livre. Fait un tube. Peint un portrait. Tourne un film. Vend ta marchandise. Réalise le et vend le! Devient bon, parce que tu feras ça pour le reste de ta vie, si tu projette d'être entrepreneur. Je te le dis mon ami, il n'y a pas d'accès à la ruée vers l'or, sans emprunter le vrai chemin, qui est l'autoroute du commerce.

CHAPITRE 4: *AMIS RICHES ET LES 'DIX'*

"Allons! montrons-nous habiles à son égard; empêchons qu'il ne s'accroisse."[v]

Les qualifiés 10/10 se font amis avec les gens riches. Si tu es un 10, alors tu es un atout et les gens voudront partager de ton temps. Loue toi à un prix et tu seras dans tes sous. Parce que le temps, c'est de l'argent, dépense ton temps intelligemment avec ceux qui te donneront des avantages, des avantages indirects et des privilèges. Les 10 font ça. Ils savent comment cuisiner avec les riches. C'est comme charger ton smartphone sur ton ordinateur. Tu as besoin de son énergie, donc prend là librement en étant connecté. Une fois chargé à bloc, tu peux charger les autres.

Si tu dépense ton argent pour une femme afin d'obtenir son amour, tu n'a pas la relation correcte. Les hommes qui ont une "vraie" femme, ne paient pas pour le sexe. Tu dois comprendre ce que ça signifie. Payer pour baiser c'est du sexe transactionnel, mais ce n'est pas faire l'amour. Tu obtiens la passion quand une femme tombe amoureuse de toi. Certains hommes sont capable de rendre une femme amoureuse sans argent. C'est là que ton jeu est au point.

Les femmes tombent amoureuses de toi quand tu occupes leur esprit. C'est tout. C'est tout ce que tu as à faire. Le strip-tease intellectuel. Rien de plus. Si tu réussis à accrocher son esprit, tu l'as gagnée. Rencontrer ses besoins émotionnels et les remplir, c'est ce que les dizaines font. L'argent n'est pas nécessaire. L'argent n'est qu'un appât. Part en pêche!

CHAPITRE 5: *PERDANT VEGAS*

"Lorsqu'il eut tout dépensé, une grande famine survint dans ce pays, et il commença à se trouver dans le besoin."[vi]

As-tu déjà été à Las Vegas? Eh bien, elle devrait être appelée "Loss" Vegas (la ville des perdants) parce que c'est tout ce qui se passe ici. Tous ces "Lostitutes" (débauchés) ne font que perdre leur argent.[vii] La "Lostitution" (débauche) est une pratique courante ici à Sin City.[viii] Vegas a été construit pour les perdants, non les gagnants. 80% de la population sont des perdants (les gens biens ne sont pas des gagnants au casino). Sinon, comment les casinos feraient leur argent? Les gérants de casinos ont réalisé bien vite qu'ils pouvaient faire leur fortune sur le dos des parieurs.[ix] Un conseil, ne joue pas ! Enlève toi cette illusion, tu ne gagneras pas, ce n'est pas une bonne idée. Ne soit pas un perdant.

Si tu veux un avis contraire, il est là. Joue et perd. Tu vois comme c'est fun? Il n'y a pas de mauvaise façon de s'amuser. Souviens toi juste que c'est un divertissement très cher. Et perdre n'a rien de drôle. Quand est-ce que ça l'a déjà été? Je suis toujours agacé de la défaite de ma petite ligue de baseball en retour de finale en Floride 1994.[x] Je déteste perdre. En fait, le meilleur conseil qui m'a été donné à Las Vegas est celui de mon courtier de Blackjack qui m'a dit: "Mon enfant, laisse tomber. Ce n'est pas le chemin de la richesse." Ses mots font toujours écho dans mon âme. Depuis j'ai arrêté de jouer. Je suis partit.

La clé du gain est "ne jamais jouer leur jeu" parce que si tu le fait, tu es garanti de perdre. Leur système est truqué. Les ingénieurs des jeux les configurent à ton désavantage. La clé du gain est de jouer à ton propre jeu. Si tu ne peux éviter les vices, tu resteras un perdant.

Tu dois être astucieux dans ce monde si tu veux gagner gros au jeu de l'argent. Ca fonctionne quand tu ne paries pas mais que tu crée des actifs. Encore une fois, personne n'a dit "ne joue pas," mais si tu a l'intention de jouer, pourquoi ne pas jouer une fois que tu as amassé un paquet de monnaie et qu'en perdre une petite partie est négligeable. De cette façon il n'y a pas de pression pour faire de l'argent à la table. Essayer de générer au Casino n'est définitivement pas une bonne idée. Suggestion: ne parie pas!

CHAPITRE 6: *PRIE POUR; NE DIVULGUE PAS*

"Tout ce que vous demanderez avec foi par la prière, vous le recevrez."[xi]

Je ne te mens pas. Ce n'est pas mon genre. Je ne ferais pas ça. Ca va à l'encontre de ma religion. Tu vois ce joli chapeau que je porte sur la photo? Qu'est ce que tu en penses si je te dis que j'ai acheté ce super fédora pour seulement 2 dollars. Yep. Je l'ai payé presque rien. Ce n'était pas un cadeau non plus. Je l'ai eu au rabais. Tu veux savoir comment j'ai fait?

Et bien, avant tout j'ai supplié Dieu pour un accord. En vérité, je n'aime pas acheter les choses sur un coup de tête. Je suis un acheteur décidé. Toutefois, il y a des moments où ce que vous voulez n'apparait nulle part, donc, vous devez continuer à creuser.

Je suis têtu. Qu'est ce qu'il y a de mal a obtenir un fédora à prix raisonnable? Il y a tellement de magasins qui nous arnaquent. Moi, je préfère les grossistes ou les secondes mains. Ma première approche a été de parcourir différentes friperies de la ville, cependant, rien n'allait et certains chapeaux puaient le renfermé![xii] Burk. Qui veut de ça? Pas cool!

Puis par hasard, je conduisais à San Diego et à environ 3 heures de ce trajet, je me suis arrêté au magasin 99-cent à San Bernardino pour quelques provisions. A mesure que je marchais dans le centre commercial, par chance je suis venu à jeter un oeil dans une allée et j'ai aperçu un magnifique fédora. A ma grande surprise, je n'en croyais pas mes yeux. Comment est-ce possible? Un fédora en vente ici, pas moyen mec!

Du coup, j'ai essayé le chapeau. Et tu sais quoi? Il me correspondait parfaitement! "Dieu fonctionne!" Ce merveilleux chapeau est à la taille. Et pour seulement 2 dollars! Cha-ching! Super coup! Goal! Quel Dieu génial! Amen! Hallelujah! J'y crois!

Est ce que le chapeau durera pour toujours? Non! Mais c'est si bon de trouver des occases à pas cher qui remplissent leurs fonctions, parce que ça permet d'acheter autre chose en plus.

A propos du fédora, ce fut une si bonne affaire ! Je veux dire, c'est une chose d'avoir un ami qui vous fait un cadeau, mais c'est une toute autre réjouissance de tomber par pure coïncidence sur l'objet de ton désir et qu'il s'adapte parfaitement à ton tour de tête. Et qui est supposé être cher... mais pas cette fois ! Acheter à l'économie est fun, du coup j'en ai acheté deux! La leçon à apprendre: prie Dieu et il te répondra au moment voulu. C'est tout une histoire de timing, avoir l'esprit ouvert et d'être curieux.[xiii]

CHAPITRE 7: *MARCHANDISE TON STYLE*

"La terre produit d'elle-même, d'abord l'herbe, puis l'épi, puis le grain tout formé dans l'épi."[xiv]

Dans cette vie tu es confronté au concept connu comme “marchandise ta façon d’être.” Ton corps est un moteur de travail et quand il est mis en marche, il récolte un rendement financier, en l’employant à la tâche. Cependant, il y a plus d’une seule façon de gagner de l’argent que de travailler. Dans cette section nous discuterons de quelques options.

Les livres succincts sont ceux que les gens lisent. Qui a envie de lire un long récit descriptif? Va juste à la rencontre des besoins de ton client. Donne lui ce qu’il veut. La technologie résout bon nombre de nos problèmes. As tu déjà entendu la phrase “soit tu es le problème, ou bien la solution,” soit donc la solution. Notre culture est rude. Basiquement, les perdants ne font pas d’argent. Les gagnants encaissent. Les personnes les plus innovantes sont les artistes que tu vois qui ont du talent à mettre en valeur.

Voici la solution: si tu ne marchandises pas ton style, tu seras brisé. Ensuite tu deviendras un bon à rien et plus personne ne voudra t'entourer. Tu vois tous ces clochards dans les tunnels de Las Vegas... Pendant ce temps au South Point Casino, j'assistais au spectacle de Dennis Bono avec un ami.[xv] C'était fun, et j'ai vue une hôtesse sapé d'une costume de Carnaval brésilien à l'entrée principale. Je me suis demandé, "quelle est la raison d'aller aussi loin à la faire travailler ici?" J'ai réalisé qu'elle faisait partie du show. Elle était une artiste. Un élément de l'attraction. J'ai appris quelque chose de très important ce jour. Soit une attraction. Arrive au centre de la pièce.

CHAPITRE 8: *ACCUMULE EN DORMANT*

"Les fourmis, sont un peuple faible, et qui néanmoins stockent durant l'été leur nourriture." [xvi]

Un petit investissement dans un véhicule d'investissement solide peut se transformer en millions. Le tout est de planter une graine. Plus tu sèmes, plus la récolte est abondante. Pourquoi être un commerçant stressé? C'est inutile. Pour dormir en faisant de l'argent, tout ce que tu dois faire est d'investir en conscience et juste attendre un an plus tard pour voir ton investissement se développer. Il n'y a pas besoin d'être concerné.

La plus dure leçon est d'apprendre à laisser ton argent partir en voyage. Si tu le laisse travailler, ton investissement a une chance de quintupler voir même de monter en flèche vingt fois sa valeur d'origine. L'argent ne peut pas rester dans tes mains. Tu dois lui donner des ailes pour voler. Tu ne peux pas retenir l'argent trop fermement, sinon il ne quittera jamais tes mains. Tu ne peux pas non plus le ramener trop vite ou il ne sera pas complètement mature et tu perd une énorme aubaine. La clé est de planter tôt et d'attendre. [xvii]

"Jette ton pain sur la face des eaux, car avec le temps tu le retrouveras."[xviii] Ceci étant dit, tu ne peux pas juste tirer ton argent n'importe où, c'est comme sur un jeu de fléchettes. Tu dois le planter dans un sol fertile. Un sol fertile est un endroit où tout le monde a la confiance d'investir. En attirant la confiance des investisseurs, alors tu dormiras bien et gagneras beaucoup d'argent.

La clé pour employer ce principe correctement est d'investir quand quelque chose est à sa plus petit valeur, mais a le potentiel de devenir la prochaine grosse affaire. Un coup de pouce: n'investit jamais dans quelque chose qui est à son apogée ou tu seras grillé. Investit quand elle est à sa plus petite valeur, en phase croissante et qu'elle a une belle opportunité de toucher le ciel. Ce doit être quelque chose que les fonds de couverture et les sociétés de capital-investissement veulent saisir. Ton job c'est de te positionner avant eux de façon à être à l'avant de l'investissement.

Chapitre 9: *Différentes étapes De Vie*

"C'est pourquoi pendant que nous en avons le temps, faisons du bien à tous."[xix]

Tu ne peux donner ce que tu n'as pas. Tu dois créer des priorités si tu veux avoir une carrière mobile ascendante. Cela ne se produit que lorsque tu as un titre. Le genre d'accomplissement, de référence, pour recueillir la reconnaissance digne d'une telle production. Construit ce CV bébé. Une fois que tu as la certification ou l'accréditation, tu peux poursuivre au niveau supérieur.

Le monde est une scène. Quand tu interprètes bien à chaque nouveau rôle de ta vie, tu gagnes le droit de jouer la scène suivante, et cela à l'infini. Il y a une raison à chaque saison.

En identifiant la saison dans laquelle tu te trouves, cela t'aidera à adapter ton jeu d'acteur.

La vie est un drame Shakespearien et tu dois en jouer tous les actes. C'est ainsi, si tu le choisis. Tu es capable de tant de choses et cela arrive quand tu identifies la scène tout en fournissant une performance digne. Avoir l'habilité de ne pas être le centre de l'attention est essentiel. Les meilleurs acteurs savent exactement comment interpréter chaque paramètre en fonction de qui le regarde. En réalité, tu es en permanence l'acte central car tu sais comment jouer différent rôles sans recevoir une attention négative.

CHAPTER 10: *FABRIQUE DES BILLETS*

"C'est bien, bon et fidèle serviteur; tu as été fidèle en peu de chose, je te confierai beaucoup; entre dans la joie de ton maître."[xx]

Suit l'argent. Si ça fait de l'argent, ensuite ça fait des petits. Comprendre comment générer de l'argent est très important pour la perspicacité financière. Si tu n'étudies pas la création d'argent, l'économiser sera très difficile pour toi. Se faire payer ne fonctionne que lorsque tu comprends les différentes manières de générer. Voici quelques exemples pour gagner de l'argent:

1) Héritage
2) Loterie
3) Remporter un concours

4) Revenu professionnel

5) Revenu résiduel

6) Revenu d'investissement

7) Revenu d'entreprise

8) Cadeau, donation

9) Voler

10) Se marier

Voler n'est pas recommandé car c'est illégal. Les autres sont des façons viables de gagner de l'argent. Plus tu possèdes de canaux à revenus, mieux c'est. Ta vie entière devrait être focalisée sur la construction de canaux et de canaux à revenus. C'est comme construire un CV. Ne t'arrête pas de construire. Lorsque que tu as suffisamment de canaux, ton réservoir sera plein à rabord. Une pénurie financière c'est comme une pénurie d'eau, tes courants de revenus s'épuisent, donc pour les réactiver tu dois générer plus de revenus sous différentes formes. Cela arrive en acquérant ou fabriquant des produits à vendre. Imaginez votre flux de trésorerie devenir la rivière Amazonienne. Ca se construit avec un service de haute qualité ou un bien que tes clients désirent.

CHAPTER 11: *NIVEAU DE VIE*

"Les sages tiennent en réserve la connaissance, mais la ruine est près de la bouche du fou."[xxi]

Pour vivre à un niveau confortable, tu dois vivre en dessous de tes moyens. Il n'y a pas d'autre façon d'expliquer cela. Il est impératif de ne pas te surestimer ou tu iras droit à l'étranglement financier. Alors que les enfants, les voitures, les maisons, les vacances et le luxe sont tout juste extraordinaires, ils coûtent aussi un joli billet. Les coûts de fonctionnement seront ton épée de Damoclès. Tout ce que tu peux acheter qui demande de la maintenance ou des cotisations seront un débit sur ton compte en banque.

Le moyen d'éliminer les frais courants est littéralement de te purger de tous ce qui ajoute des dépenses dans ta vie. Donc, si tu veux un nouveau bateau, tu dois être conscient qu'il nécessite des réparations, de l'essence, et tu devras renouveler les licences chaque année. De plus ta note va augmenter si tu as une place de port mensuelle.

Demande toi toujours en premier lieu “est ce que les frais fixes valent le coup de l’investissement?” Temps, argent et énergie sont tout ce que tu as dans la vie, donc utilise ces ressources intelligemment, ou tu t’enliseras dans un monde de douleur.

Calculer les coûts t’aidera à évaluer quels risques tu veux assumer. Si ça entraine de couler ton navire, ne le fait pas! Parce que crouler sous les dettes n’est pas bon. Tu ne souhaite pas fracasser dans la vie. Vous voulez avoir un débordement superflu où vos cuves regorgeront de vin nouveau et vos étables déborderont. Cela survient quand vous êtes en paix avec votre âme et que vous pratiquez la prudence dans chaque décision financière.

Les deux plus grosses erreurs qu’une personne puisse faire est de penser que si elle a de l’argent elle devrait le dépenser, et quand elle a beaucoup d’argent, ne pas le dépenser en ce qui concerne sa bonne qualité de vie.

Après que ton magot ait grandit, à ce moment commence à faire des additions à ta vie : femme, enfants, et nécessités qui entre dans la gestion de familiale. Ne paie pas pour le passé, mais prépare toi pour le future en ne te faisant pas avoir.[xxii]

CHAPTER 12: *F.U. MONNAIE*

"Ainsi le Roi Salomon fut plus grand que tous les Rois de la terre, tant en richesses qu'en sagesse."[xxiii]

Il y a trois type d'argent. Il y a "l'argent de dépense", lorsque vous créez une séparation vers un solde bancaire négatif. La dénomination est d'environ $50,000 à $500,000. Ce type d'argent vous met sur pied pour des investissements ou la formation de petites entreprises.

Le type suivant est "l'argent d'indépendance", qui est entre 1 à 2 millions de dollars. S'il est investi proprement tu peux techniquement prendre ta retraite avec la location de propriétés et investissements avisés. L'argent doit être géré consciencieusement et ne doit pas être mis entre les mains d'imbéciles car tout ce qu'ils font, c'est le croquer.

Le troisième type d'argent est "FU** You budget."[xxiv] Comme on le surnomme, ce genre d'argent dit "va te faire voir" à l'employeur et à tous les autres sur la planète. Pense aux gagnants de la lotterie. C'est quand tu as assez d'argent pour t'isoler de toutes les charges, dettes, obligations, paiements, et autres coûts de la vie. Les athlètes millionaires peuvent être qualifiés comme "FU** monnaie" également. De manière poignante, "FU** monnaie" est au dessus de 10 millions à la banque.[xxv] Quand tu justifies de cet argent, tu es dans le top 1% mondial. Avec cet argent tu peux faire tout ce que tu veux, avec modération. Ca ne veut pas dire que tu es Dieu, mais juste que ton employeur a perdu un employé. Sourire.

Chapter 13: *Préservation de la richesse*

"L'homme de bien a pour héritiers les enfants de ses enfants."[xxvi]

Le fait d'arriver au stade de F.U., cependant, ne donne pas carte blanche pour marcher sur les traces de la pauvreté. Tu serais surpris de savoir combien de fois le cas est arrivé aux gens qui avaient un peu d'argent. Tu dois impérativement garder en place un control de capital pour être certain de ne pas tout dépenser avant ton décès.

La façon de préserver ta fortune est d'acheter des parts immobilières. De cette façon il ne perd pas de valeur. Tu ne veux pas spéculer en immobilier car les propriétés peuvent ne pas augmenter de valeur. L'immobilier est un drain pour votre argent. C'est de l'argent intensif. La deuxième chose que tu va vouloir faire est de créer un montant de dépense mensuelle pour ne pas dépasser la limite fixée.

La troisième chose que tu ne veux pas faire est de dépenser sur des articles onéreux qui va drainer votre budget, comme acheter un avion cassé ou un yacht de plusieurs millions de dollars. Ces achats stupides te mèneront à la perte car ce sont des objets dont la valeur déprécie.

Le moyen de conserver ton argent est de le garder sur un compte porteur d'intérêts. Investit dans de petites start-up à faible capitaux. Conserve un budget. Utilise ton argent pour créer des actifs au lieu de simplement acheter des actifs. Devient un artiste en divertissement où tu es payé pour ta performance.

CHAPTER 14: *QUELQU'UN L'A!*

"Dieu suppléera selon ses richesses à tout ce dont vous aurez besoin."[xxvii]

Sache cela. Quelqu'un possède ce dont tu as besoin. La visualisation est importante pour comprendre ce concept. Si tu as besoin d'internet gratuit, alors va à la bibliothèque. Si tu veux des tickets d'entrée gratuits, alors tu dois avoir un contact qui peut te les offrir. Si tu veux aller profiter d'un bain chaud en station, alors tu dois connaitre quelqu'un qui y a accès et qui veux bien te laisser entrer. Si tu cherches un lieu pour séjourner, assure toi de te lier avec des amis qui rendront ton rêve une réalité.

La clé est d'être une personne de source. Fait en sorte d'avoir beaucoup à offrir également. De cette façon tu peux échanger une assistance. Le troc de temps pour les services rendus est très utile lorsque les gens ont besoin de toi. Tu es un corps et cela est suffisant. Maintes fois ta présence est requise pour aider à déplacer quelque chose ou porter compagnie à quelqu'un. Ta voix n'est pas forcément requise; c'est juste ta présence. Ta maison, ta voiture ou tes contacts sont des choses que les gens pourraient nécessiter, donc sache comment en tirer parti à ton avantage dans l'échange.

Avoir un large réseau étendu est bénéfique pour toi. Tu voudras avoir des amis dans différentes villes et pays. De cette façon ils pourront toujours faire quelque chose pour toi et vice-versa. Fait face! Si tu n'as pas une grande famille le mieux est d'élargir ton réseau "d'assistance obligatoire" en enrichissant ta base de donnée d'amis. Combien de membres de ta famille sont inutiles? Beaucoup.

La manière d'étendre ta base de donnée est d'être sociable et ouvert. Il y a tant de monde qui limite leur interaction sociale parce qu'ils ne peuvent pas descendre de leur grands chevaux. Il n'y a pas besoin d'être le patron. Il suffit de chercher qui veut établir et entretenir une connexion. S'il y a une connexion, alors transforme la en contact dans ta base de donnée. C'est aussi simple que ça. Celui qui est riche en contacts a beaucoup d'amis qui lui offriront une assistance gratuite. Naturellement, tu auras à payer ta gratitude avec un certain cadeau, mais c'est plutôt fun et non obligatoire.

Chapter 15: *Cache Ton Argent*

"En tout travail il y a quelque profit, mais les paroles en l'air ne mènent qu'à la disette."[xxviii]

Ne fait pas l'étalage de ton argent. C'est un gros NON-NON. Cela va seulement inciter encore plus tes compétiteurs. Premièrement tu dois dissimuler ton argent. Tu dois garder ton excédant à l'abris, le plus loin possible des points de vente. Par exemple, les centres commerciaux sont des exemples classiques de points de vente. Essentiellement tu marches dans un champ de mines de trucs à acheter. Ca vient avec le territoire. Il en va de même avec les supermarchés. Tout un tas de choses à acheter. Dans ces deux cas, tu devrais appliquer quelque disciple ou ton argent va filer. Pire, si tu es en possession d'une carte de crédit tu seras toujours susceptible de dépenser avec aisance. Donc rappelle toi: le point de vente c'est là où tu perds ton argent. Ce n'est pas ton ami, mais ton ennemi.

La meilleure chose que tu puisses faire est de garder tes liquidités. Cela te permet de dépenser rarement pour ne pas faire de folies. Commence aussi à acheter de la crypto-monnaie. La raison pour laquelle ces investissements en valent la peine est qu'il y a une forte demande. Si ce n'était pas le cas, tu ne pourrais pas faire de l'argent avec cet investissement car il n'y aurait pas d'autre imbécile prêt à acheter le bien au nouveau prix. Ton compte de crypto-monnaie n'est pas visible publiquement. Réalise ça: une grande richesse est atteinte en silence. Elle n'est pas à montrer à tout le monde.

Entraîne tes muscles avec l'acquisition de biens immobiliers, formation d'entreprise et voyage.Les gens qui ne peuvent s'offrir ces luxes vont commencer à sentir ton pouvoir économique et te respecter. Quand il verront que tu as une tête d'avance sur eux, ils te jalouseront et voudront être comme toi. Le jeu des de la jouer économe et de ne pas conserver. Voilà tu l’as. Tu as été enrichi. Maintenant, fais toi riche et rend moi fière!

CONCLUSION:

"Ainsi, tout bon arbre porte de bons fruits, mais le mauvais arbre porte de mauvais fruits."[xxix]

Pour finir, je joint une élégante photo de ma luxurieuse copropriété à Las Vegas, Nevada.[xxx] J'ai payé comptant pour cette unité. J'ai acheté ma propriété pour une chanson et une danse également. Il prend de la cotte d'année en année. L'argent est en sécurité parce qu'il est stocké dans un actif fiable.

Je vais souvent à la piscine durant les beaux jours; j'utilise la salle de gym quand je le souhaite et j'adore prendre des bains chaud en saison d'hiver, à regarder les étoiles. Occasionnellement, une étoile filante passe à toute vitesse dans la nuit. Régulièrement je rit de moi-même et un grand sourire enveloppe mon visage. Alors un scintillement dans mes yeux jette une larme et je me pose cette question sans prétention, “comment suis-je si privilégié?” Voici la réponse. J'ai de tout coeur écouté la sagesse de ceux qui m'ont précédés. Ils m'ont transmis une sagacité prodigieuse au fil des ans.

Tu dois apprécier le fruit de ton travail. Je te montre ce fruit d'évidence car j'ai employé des principes fondamentaux aigus pour m'offrir un niveau de vie élevé. L'accomplissement est la pratique de la frugalité et du vivre intelligemment. Nous vivons dans une société qui devrait récompenser ceux qui le gagnent au mérite. Je l'ai fait correctement. Je n'ai escroqué personne. J'ai joué le bon jeu. J'ai des preuves qui montrent mon succès. Si ce n'était pas le cas, mon livre serait une imposture. Fait en autant mon ami. Je suis devant toi.

Notes

[i] Proverbes 11:25
[ii] http://www.dictionary.com/browse/cheap
[iii] Proverbes 13:12
[iv] Proverbes 23:23
[v] Exode 1:10
[vi] Luc 15:14
[vii] “Lostitutes” est le pluriel de “Lostitute,” un néologisme inventé par Sean Christopher.
[viii] “Lostitution” est un néologisme inventé par Sean Christopher.
[ix] http://www.bbc.com/travel/story/20120816-travelwise-casino-design-and-why-the-house-always-wins
[x] http://articles.orlandosentinel.com/1994-08-18/news/9408170495_1_chris-gutierrez-pagan-chuck-williams
[xi] Matthieu 21:22
[xii] Goodwill Industries
[xiii] Certains disent, “il suffit de l'acheter parce que ça te fait gagner du temps” . Cependant, la vie est un voyage. C'est génial de voir les choses surgir de nulle part quand vous employez la gratification différée. Ce qui n'est pas toujours possible en raison de circonstances atténuantes.
[xiv] Marc 4:28
[xv] https://www.dennisbono.com
[xvi] Proverbes 30:25
[xvii] Si tu avais investi dans le Bitcoin plus tôt, tu serais un millionnaire Bitcoin aujourd'hui.
[xviii] Ecclésiaste 11:1

[xix] Galates 6:10
[xx] Matthieu 25:23
[xxi] Proverbes 10:14
[xxii] “Se faire prendre” signifie être enrôlé ou embourbé dans quelque chose.
[xxiii] II Chroniques 9:22
[xxiv] https://www.fumoney.com/ebook
[xxv] La conversation autour de FU Monnaie est concentrée sur combien cela dénote-t-il? Certains livres et articles posent le montant est de plus de 10 millions de dollars.
[xxvi] Proverbes 13:22
[xxvii] Philippiens 4:19
[xxviii] Proverbes 14:23
[xxix] Matthieu 7:17
[xxx] GLVAR 2016

Made in the USA
Monee, IL
18 October 2026

66039204R00031